en Calle de la Lectura

LA CAJA AMARILLA

Glenview, Illinois • Boston, Massachusetts • Chandler, Arizona
Shoreview, Minnesota • Upper Saddle River, New Jersey

Carlos va por su zona.

Va con muchas cajas.

Hay una caja azul para Max.

—Toma tu caja, Max.

—¡Qué fabuloso! —saluda Max, gozoso.

Hay una caja verde para Bárbara.

—Toma tu caja, Bárbara.

—¡Qué belleza! —saluda Bárbara, con fineza.

Ha una caja amarilla para Dina.

—Toma tu caja, Dina —saluda Carlos.

¿Goza con su caja Dina?

5

Dina sacude la cabeza:

—No, Carlos, mi caja es roja.

La amarilla es para Vico.

—Yo te ayudo, Carlos —añade.

¡Pum!

¡Qué pelotazo, Dina!

Vico agarra su caja.

—¡Qué ayuda, Dina!

—ríe Carlos.